BLAZERS
Bilingüe/Bilingual

MISTERIOS DE LA CIENCIA
MYSTERIES OF SCIENCE

PIE GRANDE
EL MISTERIO SIN RESOLVER

BIGFOOT
THE UNSOLVED MYSTERY

POR/BY LISA WADE McCORMICK

Consultora de lectura/Reading Consultant:
Barbara J. Fox
Especialista de lectura/Reading Specialist
North Carolina State University

Consultor de contenido/Content Consultant:
Michael Aragona
Director Ejecutivo/Executive Director
Investigador de Campo/Field Researcher and Investigator
Bigfoot Field Researchers Organization

Blazers is published by Capstone Press,
1710 Roe Crest Drive, North Mankato, Minnesota 56003
www.capstonepub.com

Library of Congress Cataloging-in-Publication Data
McCormick, Lisa Wade, 1961-
[Bigfoot. Spanish & English]
Pie grande : el misterio sin resolver / por Lisa Wad = Bigfoot : the unsolved mystery / by Lisa Wade McCormick.
    p. cm.
Includes index.
ISBN 978-1-4296-9230-4 (library binding)
ISBN 978-1-62065-218-3 (ebook PDF)
1. Sasquatch—Juvenile literature. I. Title. II. Title: Bigfoot.
QL89.2.S2M37 2013
001.944—dc23   2011050118

Summary: Describes the legend of Bigfoot, including current theories and famous encounters.

Editorial Credits
Lori Shores, editor; Strictly Spanish, translation services; Alison Thiele, designer; Eric Mankse, bilingual book designer; Marcie Spence, photo researcher

Photo Credits
Alamy/Dale O'Dell, 26–27
AP Images, cover
Corbis/Bettmann, 12–13, 22
Courtesy of Mike Aragona, BFRO Investigator New Jersey, 18–19, 23
Fortean Picture Library, 8–9, 11, 14, 28, 29
Getty Images Inc./Michael Turek, 4–5; VEER Antonino Barbagallo, 24–25
Mr. Randee Chase, 6–7
Newscom/Alf Wilson/Online USA, 15; Cindy Yamanaka/Orange County Register/MCT, 20–21
Shutterstock/Marilyn Volan, grunge background (throughout); Maugli, 16–17 (background);
    Schmeliova Natalia, 16 (paper art element); rgbspace, (paper art element) 3, 17

Printed in the United States of America in Stevens Point, Wisconsin.
092013   007758R

TABLE OF CONTENTS

CHAPTERS

A STRANGE SIGHT................................... 4

THE STORY OF BIGFOOT..................... 10

FINDING BIGFOOT.............................. 18

IS BIGFOOT REAL?............................. 24

FEATURES

FAMOUS ENCOUNTERS......................... 16

GLOSSARY.. 30

INTERNET SITES................................ 31

INDEX... 32

TABLA DE CONTENIDOS

CAPÍTULOS

SE VE ALGO EXTRAÑO............................ 5

LA HISTORIA DE PIE GRANDE................ 10

BUSCANDO A PIE GRANDE..................... 19

¿ES PIE GRANDE REAL?......................... 25

SECCIONES

ENCUENTROS FAMOSOS......................... 17

GLOSARIO.. 30

SITIOS DE INTERNET........................... 31

ÍNDICE.. 32

A STRANGE SIGHT

A hiker sees a strange object
on a mountain in November 2005.
The object suddenly moves.

SE VE ALGO EXTRAÑO

Un excursionista ve un objeto extraño en una montaña en noviembre de 2005. El objeto de pronto se mueve.

The hiker grabs his camera. He zooms in on a ridge of Silver Star Mountain. The hiker blinks in surprise.

El excursionista toma su cámara.
Él enfoca de cerca la cima de la montaña
Silver Star. El excursionista parpadea
sorprendido.

THE STORY OF BIGFOOT

For thousands of years, people have told stories of large primates roaming the woods. American Indians had many names for these animals. The Indian word *sasquatch* means "wild man of the woods."

LA HISTORIA DE PIE GRANDE

Durante miles de años, la gente ha contado historias de grandes primates que deambulaban en los bosques. Los indios nativo americanos les dieron muchos nombres a estos animales. La palabra india *sasquatch* significa "hombre salvaje de los bosques".

primate—any member of the group of intelligent animals that includes humans, apes, and monkeys

primate—cualquier miembro del grupo de animales inteligentes que incluye seres humanos, simios y monos

BIGFOOT FACT

Leif Eriksson wrote about seeing large primates in North America more than 1,000 years ago.

PIE GRANDE DATO

Leif Eriksson escribió que vio grandes primates en América del Norte hace más de 1,000 años.

Many people believe they have seen a bigfoot. They say these large animals walk on two legs and are covered with dark hair.

Muchas personas creen que han visto a un Pie Grande. Ellos dicen que estos grandes animales caminan en dos piernas y están cubiertos de pelo oscuro.

BIGFOOT FACT

Bigfoots appear to be 7 to 10 feet (2 to 3 meters) tall. That is about as tall as a school bus.

PIE GRANDE DATO

El Pie Grande parece medir 7 a 10 pies (2 a 3 metros) de altura. Es más o menos la altura de un autobús escolar.

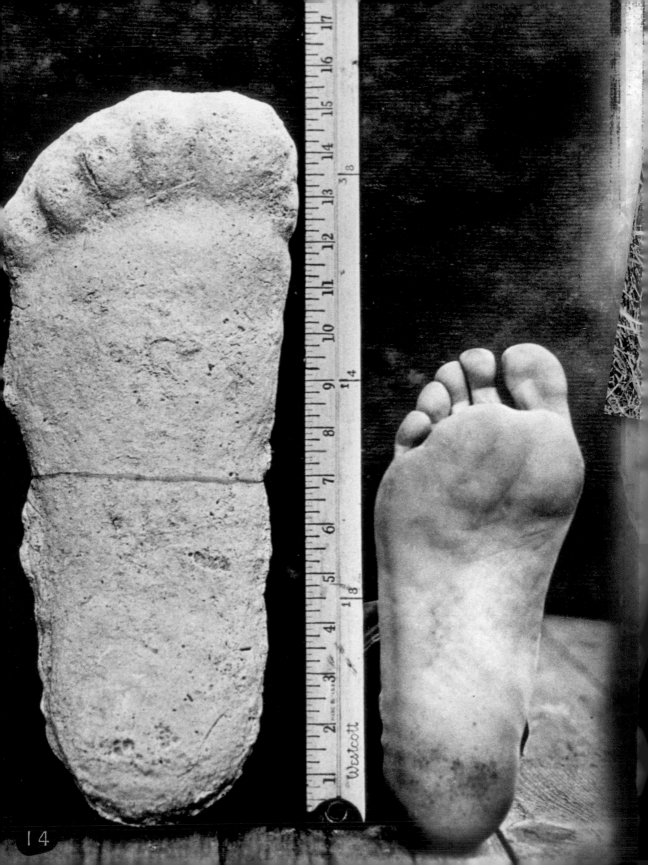

14

Many people find large footprints where
a bigfoot was seen. Some footprints are
more than 15 inches (38 centimeters) long.

Muchas personas encuentran grandes
huellas de pisadas donde fue visto un Pie
Grande. Algunas huellas miden más de
15 pulgadas (38 centímetros) de largo.

FAMOUS ENCOUNTERS

In 2000, researchers found what could be the print of a bigfoot's body. The print seems to be the left forearm, hip, thigh, and heel of a large animal. Some scientists believe it was made by an unknown primate.

In 1995, a forest patrol officer in Washington said he saw a bigfoot. He grabbed his camera and took 14 pictures. But some people think the pictures are fake.

In 1967, Roger Patterson used a movie camera to take pictures of a bigfoot. The film shows the animal walking near a sandbar in Bluff Creek, California. No one has proven that the film is fake.

In 1924, Albert Ostman said bigfoots kidnapped him during a camping trip in Vancouver, Canada. Ostman said the bigfoots kept him for six days.

ENCUENTROS FAMOSOS

En 2000, unos investigadores hallaron lo que podía ser la huella del cuerpo de un Pie Grande. La huella parece el antebrazo izquierdo, cadera, muslo y talón de un animal grande. Algunos científicos creen que fue hecha por un primate desconocido.

En 1995, un oficial de la patrulla de bosques en Washington dijo que vio a un Pie Grande. Con su cámara, él tomó 14 fotos. Pero algunas personas creen que las fotos son falsas.

En 1967, Roger Patterson usó una cámara de filmación para fotografiar a un Pie Grande. La película muestra al animal caminando cerca de un banco de arena en Bluff Creek, California. Nadie ha probado que la película sea falsa.

En 1924, Albert Ostman dijo que los Pie Grande lo raptaron durante una acampada en Vancouver, Canadá. Ostman dijo que los Pie Grande lo mantuvieron cautivo durante seis días.

Bigfoot researchers hunt for clues deep in forests. They check areas where bigfoots were seen. They look for footprints and listen for strange sounds.

BIGFOOT FACT

The study of legendary animals is called cryptozoology (KRIP-toe-zoo-OL-uh-jee).

PIE GRANDE DATO

El estudio de animales legendarios se llama criptozoología.

BUSCANDO A PIE GRANDE

Investigadores de los Pie Grande buscan pistas en la profundidad de los bosques. Ellos vigilan zonas donde los Pie Grande han sido vistos. Ellos buscan huellas de pisadas y escuchan para captar sonidos extraños.

researcher—someone who studies a subject to discover new information

investigador—alguien que estudia un tema para descubrir nueva información

Researchers use special equipment to search for bigfoots. They use cameras that take pictures in the dark. Many researchers think bigfoots are most active at night.

Los investigadores usan equipo especial para buscar a los Pie Grande. Usan cámaras que toman fotos en la oscuridad. Muchos investigadores piensan que los Pie Grande son más activos de noche.

Researchers have found hundreds of footprints they believe were made by bigfoots. They have recorded sounds they think the animals made.

BIGFOOT FACT

Researchers say bigfoots make odd howling and screaming sounds.

Los investigadores han encontrado cientos de huellas que, según creen, fueron hechas por los Pie Grande. Han grabado sonidos que piensan que hicieron esos animales.

PIE GRANDE DATO

Los investigadores dicen que los Pie Grande emiten aullidos y chillidos raros.

IS BIGFOOT REAL?

Many people think bigfoot is just a **myth**. No one has caught a bigfoot. No bigfoot bones have ever been found.

myth—a false idea that many people believe

mito—una idea falsa que muchas personas creen

¿ES PIE GRANDE REAL?

Muchas personas piensan que el Pie Grande es solo un **mito**. Nadie ha atrapado a un Pie Grande. Nunca se encontraron huesos de un Pie Grande.

Many people have taken pictures of bigfoots. But many pictures have turned out to be fake.

Muchas personas han tomado fotos de Pie Grande. Pero muchas fotos han resultado ser falsas.

What do you think? Can researchers prove bigfoots are real?

¿Qué opinas? ¿Pueden los investigadores probar que los Pie Grande son reales?

GLOSSARY

legendary—something that is part of a story handed down from earlier times

myth—a false idea that many people believe

primate—any member of the group of intelligent animals that includes humans, apes, and monkeys

researcher—someone who studies a subject to discover new information

GLOSARIO

el investigador—alguien que estudia un tema para descubrir nueva información

legendario—algo que es parte de una historia que viene de tiempos antiguos

el mito—una idea falsa que muchas personas creen

el primate—cualquier miembro del grupo de animales inteligentes que incluye seres humanos, simios y monos

INTERNET SITES

FactHound offers a safe, fun way to find Internet sites related to this book. All of the sites on FactHound have been researched by our staff.

Here's all you do:

Visit *www.facthound.com*

Type in this code: 9781429692304

 Check out projects, games and lots more at **www.capstonekids.com**

SITIOS DE INTERNET

FactHound brinda una forma segura y divertida de encontrar sitios de Internet relacionados con este libro. Todos los sitios en FactHound han sido investigados por nuestro personal.

Esto es todo lo que tienes que hacer:

Visita *www.facthound.com*

Ingresa este código: 9781429692304

 ¡Algo súper divertido! Hay proyectos, juegos y mucho más en **www.capstonekids.com**

INDEX

abominable snowmen.
    See yeti
American Indians, 10
appearance, 8, 12

body print, 16
bones, 24

cameras, 6, 16, 20
cryptozoology, 18

equipment, 20
Eriksson, Leif, 11

footprints, 15, 18, 22

Himalayan Mountains, 9

myths, 24

Ostman, Albert, 16

Patterson, Roger, 16
pictures, 16, 27
primates, 10, 11, 16

researchers, 16, 18, 20,
    22, 28

sasquatch, 10
scientists, 16
Silver Star Mountain, 6
size, 12
sounds, 18, 22

yeti, 9

ÍNDICE

abominable hombre de las nieves.
    Ver yeti
aspecto, 8, 12

cámaras, 7, 17, 21
científicos, 17
criptozoología, 18

equipo, 21
Eriksson, Leif, 11

fotos, 17, 27

huella del cuerpo, 17
huellas de pisadas, 15, 19, 23
huesos, 25

indios nativo americanos, 10
investigadores, 17, 19, 21, 23, 29

mitos, 25
montaña Silver Star, 7
montañas del Himalaya, 9

Ostman, Albert, 17

Patterson, Roger, 17
primates, 10, 11, 17

sasquatch, 10
sonidos, 19, 23

tamaño, 12

yeti, 9